OSO POLAR, ¿SABES POR QUÉ SE DESHIELA TU MUNDO?

Robert E. Wells

ALERTA TEMPERATURA DEL ÁRTICO

editorial juventud
Barcelona

A mi hijastro, Kevin, y a mi nuera, Bobbi, entregados profesionales del arte de «vivir en verde».

Título original: POLAR BEAR, WHY IS YOUR WORLD MELTING?
© Texto e ilustraciones: Robert E. Wells, 2008
Publicado por acuerdo con Albert Whitman & Company, Illinois, EE.UU.
© EDITORIAL JUVENTUD, S. A., 2009
Provença, 101 - 08029 Barcelona
info@editorialjuventud.es
www.editorialjuventud.es

Traducción castellana de Raquel Solà
Primera edición, 2009
Depósito legal: B. 10.680-2009
ISBN 978-84-261-3732-6
Núm. de edición de E. J.: 12.146
Ediprint, c/ Llobregat, 36, 08291 Ripollet

También de Robert E. Wells en la misma colección:

¿Sabes contar hasta un googol?

¿Bebió un dinosaurio de esta agua?

¿Cómo se mide el tiempo?

¿Hay algo más grande que una ballena azul?

¿Hay algo más rápido que un guepardo?

¿Hay algo más viejo que una tortuga gigante?

¿Hay algo más pequeño que una musaraña?

El océano Ártico es muy frío y está cubierto de una capa de hielo llamada banquisa. Pero a los osos polares les gusta vivir en este entorno.

Los osos polares viven en el hielo y cazan focas.

El Ártico también tiene estaciones. Los inviernos son largos y fríos. Los veranos son más cortos y más cálidos, pero ¡aun así hay que vestir ropa de invierno!

En verano, parte de la BANQUISA se derrite y se rompe en placas de hielo más pequeñas llamadas témpanos.

Los científicos están preocupados porque cada año la temperatura en el Ártico aumenta, y cada verano el deshielo es mayor.

Los témpanos cada vez son más pequeños y están más distanciados.

ALERTA
TEMPERATURA
DEL ÁRTICO

A los osos les resulta muy difícil cazar y con frecuencia pasan hambre.

Muchos osos, sobre todo las madres con sus crías, están muy débiles para recorrer a nado las distancias cada vez mayores entre los témpanos.

¡Nosotros queremos salvarlos!

¿Por qué están en peligro los osos polares?
¿Por qué se derrite el hielo?
¿Por qué en el Ártico hace más calor?

La explicación empieza con el sol.

NUESTRO SOL

es la fuente de energía. que rige el sistema climático.

Sus rayos calientes recorren hasta llegar a la Tierra 150 millones de kilómetros.

La superficie de la Tierra refleja parte de este calor y lo devuelve al espacio.

Parte del calor es retenido y acumulado por GASES invisibles que están en la ATMÓSFERA.

Estos gases hacen que el aire que está cerca de la Tierra se mantenga caliente. Este calentamiento se conoce como EFECTO INVERNADERO.

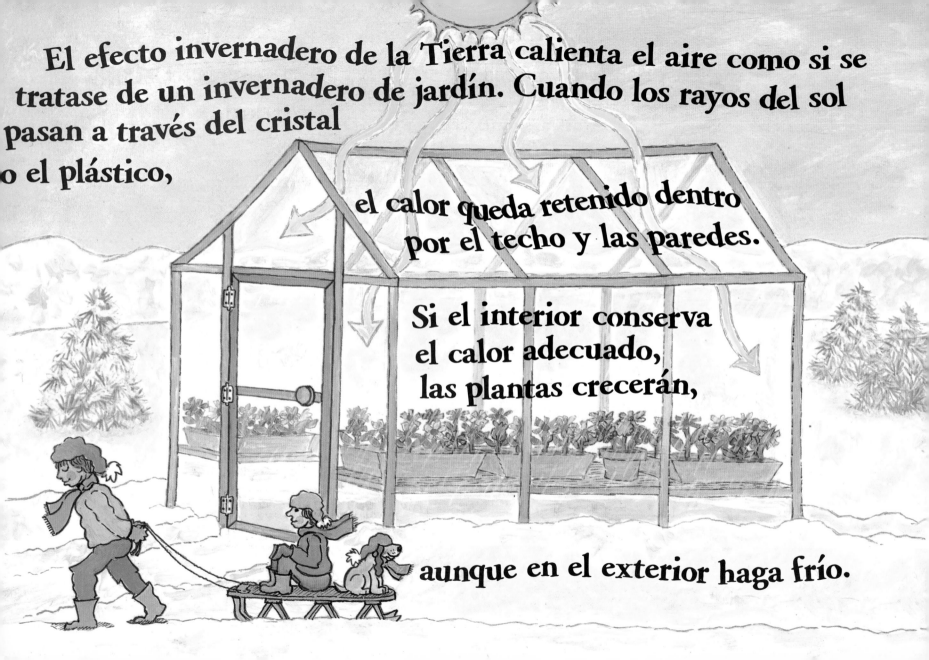

El efecto invernadero de la Tierra calienta el aire como si se tratase de un invernadero de jardín. Cuando los rayos del sol pasan a través del cristal o el plástico,

el calor queda retenido dentro por el techo y las paredes.

Si el interior conserva el calor adecuado, las plantas crecerán,

aunque en el exterior haga frío.

Cuando el sol brilla a través de la atmósfera terrestre, el calor queda retenido por los gases de efecto invernadero.

Los principales gases de efecto invernadero son el DIÓXIDO DE CARBONO o CO_2; el METANO; el ÓXIDO NITROSO y el VAPOR DE AGUA.

Si la cantidad de estos gases es normal, EL PROMEDIO DE TEMPERATURA de la Tierra es de 15° Celsius o 59° Fahrenheit, que es lo apropiado para las plantas, los animales y las personas.

SI HAY DEMASIADO GAS DE EFECTO INVERNADERO EN EL AIRE, ESTE PUEDE CALENTARSE DEMASIADO. Es lo que sucede hoy día en el Ártico y en todo el mundo.

MONTE NEGRO
MINA DE CARBÓN

Los científicos creen que el CO_2, que es el gas que permanece más tiempo en el aire, es la causa principal del calentamiento global.

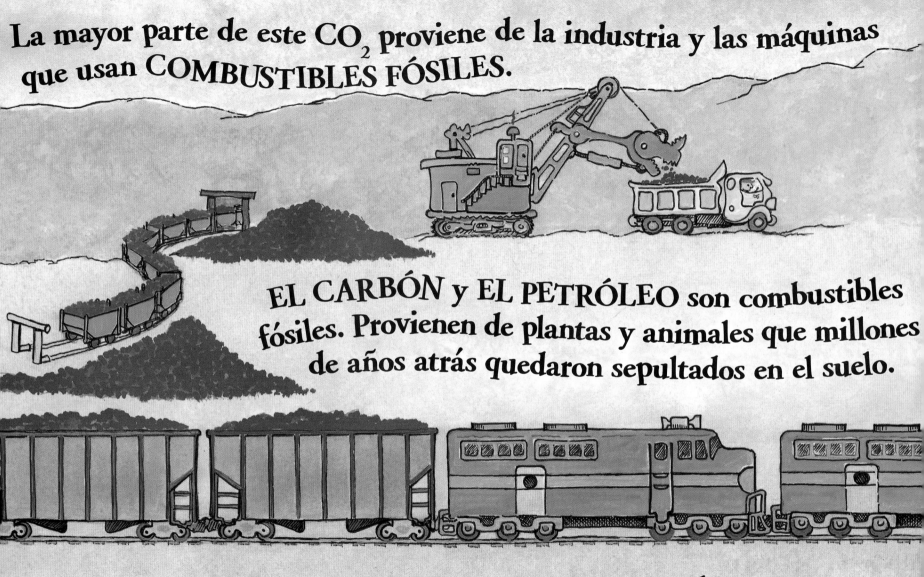

La mayor parte de este CO_2 proviene de la industria y las máquinas que usan COMBUSTIBLES FÓSILES.

EL CARBÓN y EL PETRÓLEO son combustibles fósiles. Provienen de plantas y animales que millones de años atrás quedaron sepultados en el suelo.

El carbón de las minas se carga en vagones de tren...

y se transporta a centrales eléctricas
y a fábricas que queman carbón.
Estas centrales eléctricas generan
gran parte de la electricidad mundial.

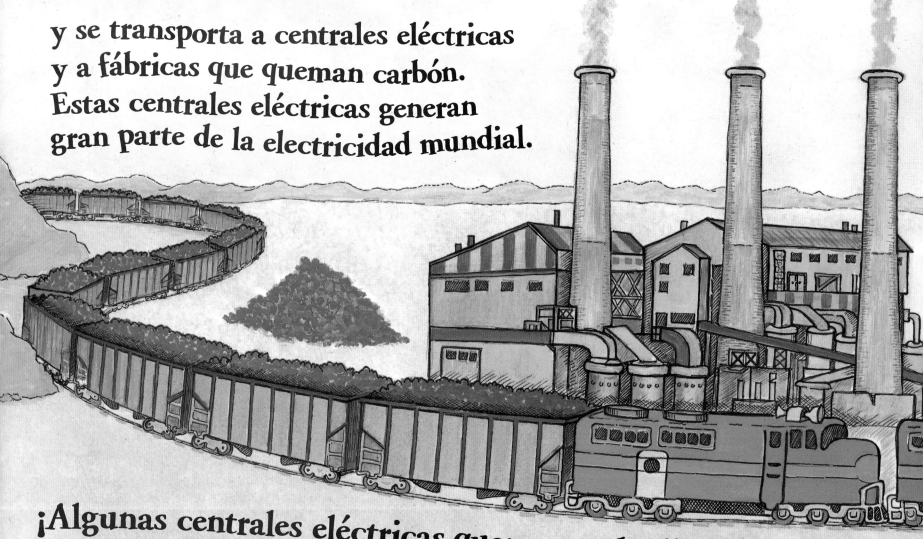

¡Algunas centrales eléctricas queman cada día más
de 100 vagones de tren cargados de carbón!

El mundo utiliza cada vez más electricidad en sus hogares, oficinas y fábricas.

Cuanto más carbón se quema para generar más electricidad, más CO_2 va a parar al aire.

El CO_2 también proviene de quemar petróleo.

El petróleo se extrae de las profundidades del subsuelo...

PETRÓLEO →

y después se refina para convertirlo en diésel o gasolina para vehículos a motor, barcos y buques; y en queroseno para aviones.

DIÉSEL

GASOLINA

Todos los días, miles de aviones vuelan a ciudades de todo el mundo,

y miles de barcos navegan por océanos y lagos.

Todos los días, millones de coches, camiones, autobuses y motocicletas viajan por las carreteras y autopistas del mundo.

Hay unos 700 millones de coches en el mundo.

¡Si los apiláramos de tres en tres en plataformas,

formarían una torre que llegaría a la Luna!

¡Los gases de los tubos de escape de todos los coches van a parar al aire, incrementan el efecto invernadero, y provocan el deshielo de los polos!

¿Por qué nos preocupa tanto que el hielo del Ártico se esté derritiendo?
¡PORQUE EL HIELO ÁRTICO AYUDA A REGULAR
EL CLIMA DE TODO EL PLANETA!
Como el hielo es blanco, refleja el calor del sol, lo devuelve hacia
el espacio y así ayuda a enfriar
todo el planeta.

Puesto que la banquisa del Ártico se
está derritiendo, el calor se refleja menos
y es absorbido por el oscuro océano,

y el océano se calienta.

Océano Ártico

Océano Atlántico

Cuando el océano Ártico se calienta, el calor circula hacia los otros océanos

y el agua calienta el aire que hay encima.

El calentamiento del aire puede provocar cambios climáticos y muchos problemas.

Si el HÁBITAT del bosque se calienta demasiado, los árboles pueden debilitarse, y es más fácil que enfermedades e insectos acaben con ellos.

Si el hábitat del agua se calienta demasiado, los peces pueden enfermar y morir.

El cambio climático puede causar inundaciones y EROSIÓN en lugares que son secos,

y sequía o aridez en otros que normalmente son húmedos.

Sí, el exceso de CO_2 en el aire causa serios problemas. Pero ¿podemos hacer algo?

Las plantas y los árboles absorben el CO_2 del aire cuando crecen. De modo que plantar nuevos árboles puede ser una buena forma de ayudar.

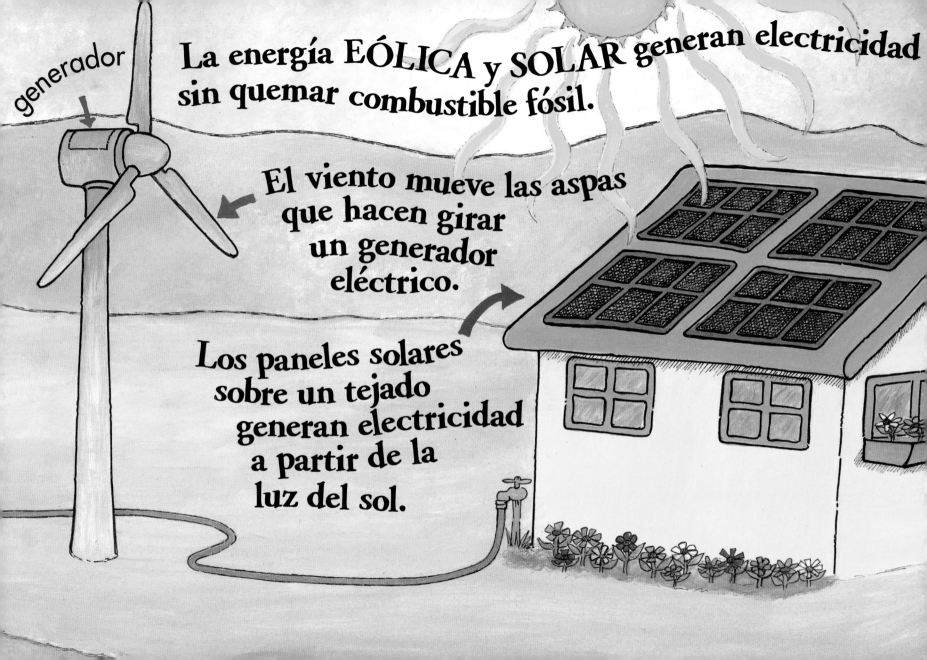

generador

La energía EÓLICA y SOLAR generan electricidad sin quemar combustible fósil.

El viento mueve las aspas que hacen girar un generador eléctrico.

Los paneles solares sobre un tejado generan electricidad a partir de la luz del sol.

Aquí tenéis algunas buenas ideas para ahorrar electricidad:

Ponerse un jersey en lugar de subir la calefacción.

Secar la ropa al sol.

Reciclar.

Además si tu electricidad proviene de la energía eólica o solar, puedes acumularla y reducir así las emisiones de CO_2 porque la electricidad no consumida se podrá comercializar.

Compra aparatos eléctricos de eficiencia energética.

Usa bombillas de bajo consumo.

Una casa con aislante térmico necesita menos calor en invierno y menos aire acondicionado en verano.

Podemos reducir el CO_2 del aire al viajar.

Si se comparte el coche se consume menos que si se viaja solo.

¡Caminar, correr e ir en bicicleta no consume nada de combustible fósil!

Con menos CO_2 en el aire, nuestro mundo será un lugar más fresco y más saludable para las personas...

¡y los osos polares!

La capa cálida de la Tierra

La ATMÓSFERA de la Tierra nos envuelve como si fuera una capa formada por GASES –unas sustancias invisibles sin forma ni volumen y que tienden a expandirse sin límites–. Principalmente nitrógeno y oxígeno, y con cantidades menores de GASES DE EFECTO INVERNADERO.

El VAPOR DE AGUA, que es un gas de efecto invernadero, no permanece en el aire mucho tiempo, ya que regresa a la Tierra en forma de lluvia o de nieve. El ÓXIDO NITROSO, otro gas de efecto invernadero, se produce en la atmósfera de forma natural, pero la cantidad se ha incrementado mucho a lo largo de los años por culpa del uso de fertilizantes en las granjas, la quema de bosques para despejar la tierra y la quema de combustibles fósiles. El METANO proviene de la materia orgánica en descomposición. Retiene más calor en el aire que el CO_2, pero supone menos problema para el calentamiento global porque hay menos cantidad y, como el vapor de agua, no permanece tanto tiempo como el CO2, ¡que puede quedarse en el aire durante 100 años!

El hielo y la nieve afectan y actúan de formas distintas sobre la Tierra. Cuando el HIELO TERRESTRE, como el de los glaciares, se derrite o se desliza hacia el océano, el nivel del océano sube, lo cual puede causar inundaciones y EROSIÓN, que es lo que sucede cuando el agua arrastra la tierra y se la lleva. Cuando el HIELO MARINO se derrite, el nivel de los océanos no aumenta, puesto que ya estaba flotando en el agua; pero sí que afecta a las temperaturas.

Para calcular LA TEMPERATURA PROMEDIO DE LA TIERRA, se toman los datos desde distintos lugares del mundo. Lo que preocupa a los científicos climáticos es que se eleve esta temperatura promedio. El aumento de temperaturas afecta a los HÁBITATS, las zonas o el medio donde plantas o animales viven y crecen de forma natural. Todos los hábitats de la Tierra están relacionados y mantienen un delicado equilibrio entre sí.

Nuestro planeta es un poco como «Ricitos de Oro», no le gusta ni demasiado caliente, ni demasiado frío, sino con la temperatura adecuada para las plantas, los animales y las personas. ¡Tenemos que trabajar todos juntos para mantener la temperatura adecuada para todos los seres vivos!